1 one
tahi

1 bus

2 kiwi

2 two
rua

3 three
toru

3 triceratops
on tricycles

4 four
whā

4 dogs in diggers

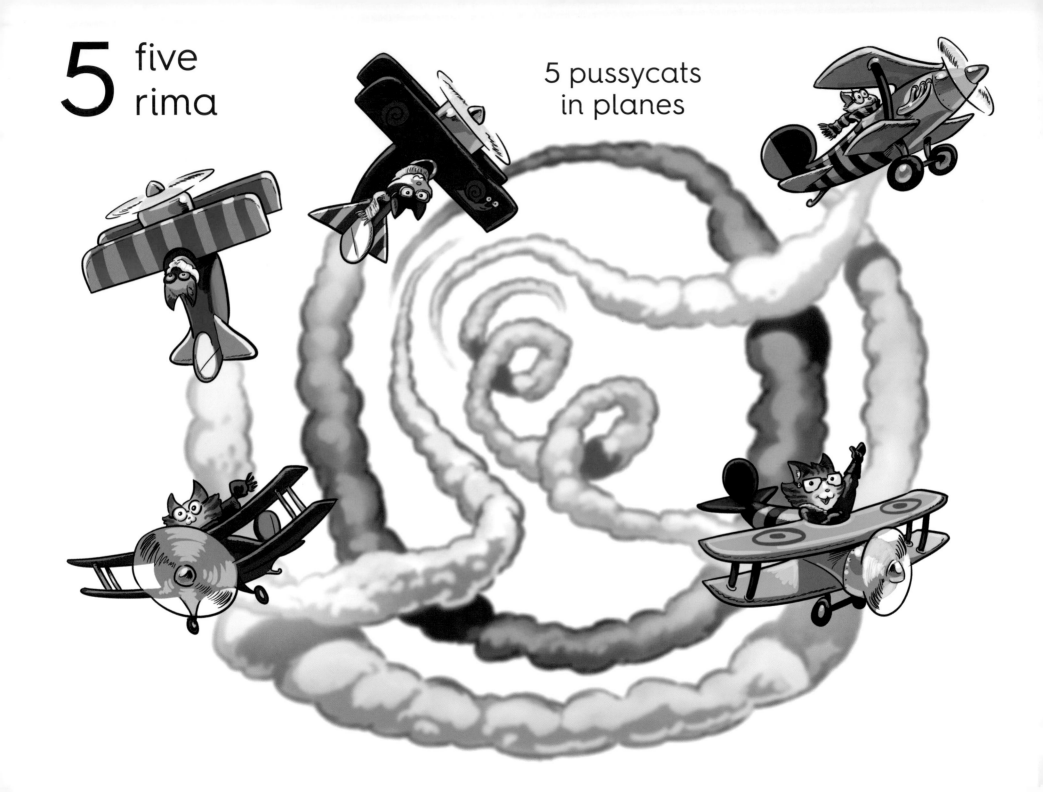

5 five
rima

5 pussycats
in planes

6 bungee-jumping sheep

7 seven
whitu

7 Maui's dolphins

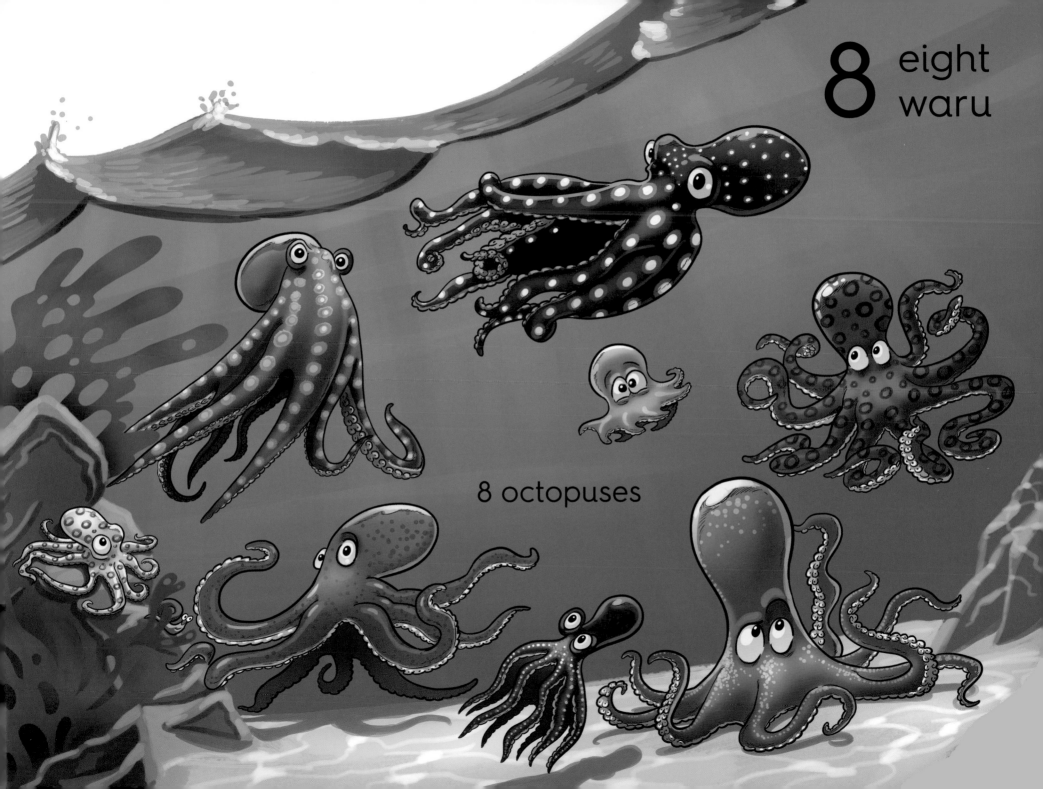

8 eight
waru

8 octopuses

9 nine
iwa

9 penguins

10 ten
tekau

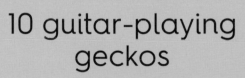
10 guitar-playing
geckos

11 eleven
tekau mā tahi

11 butterflies

12 twelve
tekau mā rua

12 seashells

13 thirteen
tekau mā toru

13 cheeky kea

14 fourteen
tekau mā whā

14 ski bunnies

15 fifteen
tekau mā rima

15 all black lambs

16 sixteen
tekau mā ono

16 longfin eels

17 seventeen
tekau mā whitu

17 hot-air balloons

18 eighteen
tekau mā waru

18 cupcakes

19 nineteen
tekau mā iwa

19 ruru

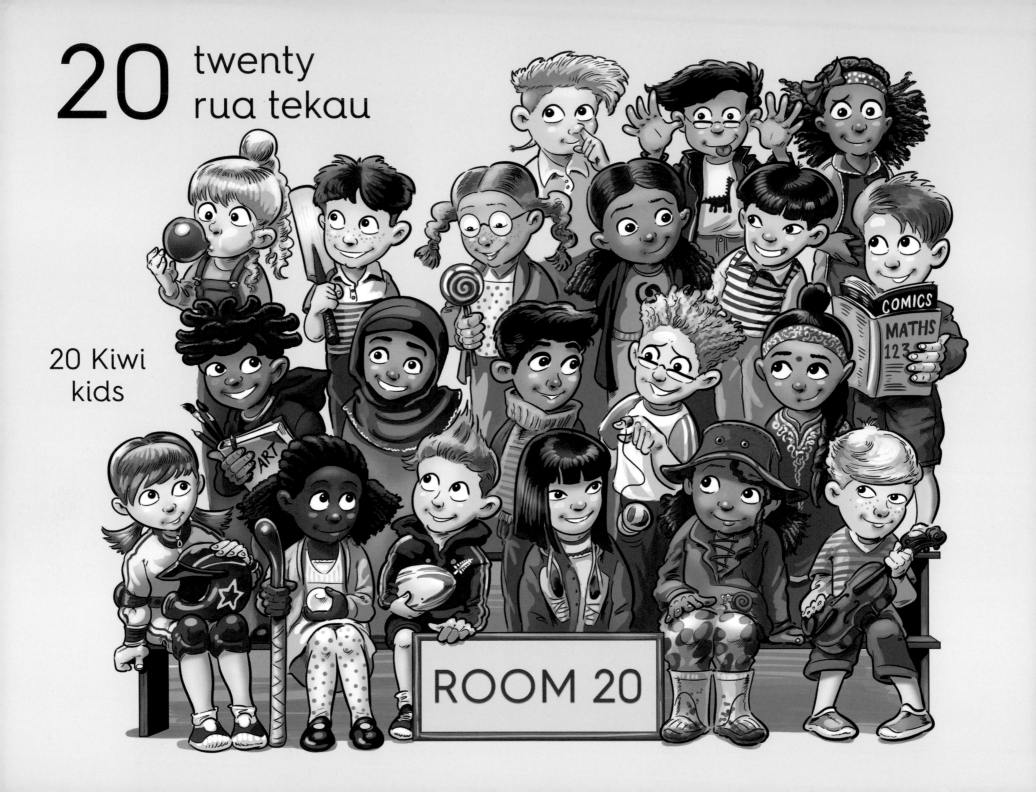

20 twenty
rua tekau

20 Kiwi kids